De lo vil a lo
EXTRAORDINARIO

Carlos G. Pagan

De lo Vil a lo Extraordinario
Carlos G. Pagan

Publicado por:
© Carlos G. Pagan

Derechos Reservados
© Carlos G. Pagan

Primera Edición 2024

Carlos G. Pagan
Copyright © 2024

Diagramación, corrección y redacción y diseño de portada:
Pensamiento Bíblico

Pensamiento Bíblico
Editores

ISBN: 9798336938104

"Y lo vil del mundo y lo menospreciado escogió Dios, y lo que no es, para deshacer lo que es, a fin de que nadie se jacte en su presencia."

1 Corintios 1:28-29

AGRADECIMIENTOS

Primero que todo, quiero agradecer a Dios, quien me escogió desde antes de la fundación del mundo para Su gloria y Su honra, salvándome, transformando mi vida, fortaleciéndome y, por pura gracia, colocándome en el ministerio. Tal como dice en Jeremías 1:5: *"Antes que te formase en el vientre te conocí, y antes que nacieses te santifiqué; te di por profeta a las naciones."* Este llamado no es por mis méritos, sino por Su infinita misericordia.

También quiero agradecer a mi esposa, Santa Mercedes de Pagán, quien ha sido una bendición en mi vida y me ha dado seis hermosos hijos. Agradezco también a mis queridos hijos, quienes, al verlos, me inspiran aún más a dar gracias a Dios. Como dice la Palabra en Salmos 127:3-4: *"He aquí, herencia de Jehová son los hijos; cosa de estima el fruto del vientre. Como saetas en mano del valiente, así son los hijos habidos en la juventud."*

A la congregación que Dios me ha permitido

pastorear, la Iglesia Pentecostés Libres por Jesucristo, les agradezco por comprender en muchas ocasiones mi ausencia, mientras llevaba a otros lugares la palabra que me transformó.

DEDICATORIA

Quiero dedicar este precioso libro a la persona más especial en mi vida, quien me amó desde antes de la fundación del mundo: el Cordero de Dios, Jesús de Nazaret.

Él es quien nunca me ha fallado y ha extendido su mano en muchos momentos difíciles de mi vida; quien me salvó y me sacó de las tinieblas a la luz. Mi amigo fiel, mi amor eterno. Como dice la Escritura en Juan 3:16: *"Porque de tal manera amó Dios al mundo, que ha dado a su Hijo unigénito, para que todo aquel que en él cree, no se pierda, más tenga vida eterna."*

Gracias, Jesús, por confiar en mí, por señalarme y escogerme para llevar tu palabra a las naciones, y por darme dones para ser una bendición para tantas vidas que viven sin esperanza. Gracias, amado Espíritu Santo, por hacerme útil para aquellos que han sido golpeados por la vida. Como dice Salmo 136:12: *"Con mano fuerte y brazo extendido, porque para siempre es su misericordia."*

TESTIMONIO SOBRE NUESTRO MINISTERIO EN LA REVISTA: TOCANDO NACIONES

Tras el fallido intento de traer al supuesto profeta Jesús Rosario al Centro Cristiano Agua Viva los días 21, 22, 23 y 24 de febrero en Kansas City, KS.

Según testimonios de algunos pastores, el pseudo profeta promete dar prédica en fechas acordadas y después, sin aviso alguno, no hace acto de presencia.

Pero esto no impidió que el manto celestial de El Todopoderoso se hiciera presente, en esta ocasión a través de la palabra del hermano y predicador Carlos Pagán, quien reside en Nueva York.

Hasta ahora no entendemos por qué el profeta Jesús Rosario no llegó a la campaña, y que además esperábamos esa fecha muy entusiasmados, pero discernimos en el espíritu que algo superior a nuestro entendimiento no lo trajo, porque en realidad el Centro Cristiano y la comunidad ahí presente necesitaba la palabra del hermano Carlos Pagán.

"Dios ha sido bueno, Dios ha sido bueno"... Con las palabras de esta hermosa alabanza fue recibido el evangelista Carlos Pagán en la campaña denominada "Noches de Gloria". Dicha campaña fue organizada por el Centro Cristiano Agua Viva y el Ministerio Impacto de Gloria, y su objetivo principal: llevar la palabra del evangelio a las personas más necesitadas.

Sin duda alguna, la gloria de Dios se hizo presente en la congregación después de la prédica del evangelista, quien leyó una parte de Génesis 34 y comenzó a hablar sobre cómo luchar por tu bendición. La bendición se obtiene mediante la constante adoración a Dios nuestro Señor.

Lo mejor de la prédica se dejó ver cuando, repentinamente, se puso en pie el evangelista Juan Carlos Harrigan a continuar con la palabra del hermano Carlos Pagán. Desconcertados pero llenos de gozo, los asistentes aplaudían y lloraban, tocados por la unción desatada en la congregación.

Una y otra vez, intercalaban la prédica los dos

evangelistas mientras los hermanos alababan y clamaban la unción del Espíritu Santo.

Pero esto no fue todo.

Cuando los presentes pensaron que la prédica había llegado a su final, el pastor del Centro Cristiano Agua Viva se levantó de la primera fila, donde estaba sentado con su esposa, y se unió a la prédica de los evangelistas Carlos Pagán y Juan Carlos Harrigan, para terminar así con la campaña "Noches de Gloria".

La revista Tocando Naciones es la revista del ministerio del pastor y amigo Juan Carlos Harrigan.

En este articulo de la revista se escribe
exactamente lo que esta en el texto anterior.

Koinonia con el
pastor y amigo Juan
Carlos Harrigan.

El pastor Juan Carlos Harrigan junto a su hijo
mayor Ismael Harrigan y mi persona.

CONTENIDO

PRÓLOGO

En las páginas de este libro, titulado *"De lo vil a lo extraordinario"*, el autor, Carlos G. Pagán, nos invita a un viaje que va más allá de la superficie de lo que el mundo considera éxito. Antes de conocer a Cristo, Carlos era un beisbolista con un futuro prometedor, un joven lleno de sueños y habilidades excepcionales en el campo de juego. Sin embargo, al llegar a Nueva York, lo que parecía ser una vida llena de oportunidades se convirtió en una pesadilla cuando cayó en las garras de las drogas.

Esta historia no es solo un testimonio de la devastación que las malas decisiones pueden traer, sino también, y más importante aún, es una declaración poderosa del poder transformador de Dios. *"Con Cristo estoy juntamente crucificado, y ya no vivo yo, más vive Cristo en mí; y lo que ahora vivo en la carne, lo vivo en la fe del Hijo de Dios, el cual me amó y se entregó a sí mismo por mí."* Gálatas 2:20.

En las profundidades de la desesperación y la

adicción, cuando todo parecía perdido, Carlos tuvo un encuentro sobrenatural con Dios que lo cambió para siempre. Este momento marcó el inicio de una nueva vida, una vida dedicada a servir a Cristo y a guiar a otros por el camino de la salvación. *"De modo que, si alguno está en Cristo, nueva criatura es; las cosas viejas pasaron; he aquí todas son hechas nuevas."* 2 Corintios 5:17.

Hoy, como pastor de una congregación, Carlos no solo ha sanado las heridas de su vida pasada, sino que también ha sido llamado a ser un faro de esperanza para aquellos que se encuentran en situaciones similares. Su vida es un testimonio viviente de que no importa cuán bajo se pueda caer, la gracia de Dios es capaz de levantar a cualquiera y llevarlo a alturas inimaginables. *"Bendito el Dios y Padre de nuestro Señor Jesucristo, que según su grande misericordia nos hizo renacer para una esperanza viva, por la resurrección de Jesucristo de los muertos."* 1 Pedro 1:3.

Este libro no solo es la historia de un hombre, sino un mensaje de esperanza para todos aquellos que buscan redención. Es un recordatorio de que, en las manos de Dios, lo vil puede convertirse en algo extraordinario. Que este testimonio inspire y transforme vidas, tal como lo hizo con el autor.

"Mas yo a Jehová miraré, esperaré al Dios de mi salvación; el Dios mío me oirá." Miqueas 7:7.

INTRODUCCIÓN

En un mundo donde el éxito a menudo se mide por los logros materiales y las habilidades personales, es fácil perder de vista lo que realmente importa. Este libro, *"De lo vil a lo extraordinario"*, relata la vida de un hombre que parecía tenerlo todo: talento, juventud y un futuro prometedor en el béisbol. Carlos G. Pagán, el autor de esta historia, encarnaba el sueño de muchos; un joven lleno de potencial, listo para conquistar el mundo desde los campos de juego.

Sin embargo, lo que comenzó como un sueño dorado se convirtió en una pesadilla cuando la vida lo llevó a las calles de Nueva York, donde el brillo del éxito fue opacado por las sombras de la adicción. La realidad de las drogas lo arrastró a un abismo del que parecía imposible salir, alejándolo de los valores y la fe que alguna vez conoció. Sin embargo, las palabras de Jesús se hicieron manifiestas en él: *"Porque el Hijo del Hombre vino a buscar y a salvar lo que se había perdido" (Lucas 19:10).*

Este no es un simple resumen de lo que vas a leer, sino una invitación a sumergirte en una historia de redención que desafía cualquier lógica humana. Aquí, descubrirás cómo Dios, en Su infinita misericordia, alcanzó a Carlos en el momento más oscuro de su vida, transformando su vil situación en una historia de esperanza y propósito. La vida de Carlos es un testimonio del poder de la gracia divina, que no solo restaura, sino que también eleva a alturas inimaginables.

La Palabra de Dios nos asegura en Efesios 1:7-8: *"En quien tenemos redención por su sangre, el perdón de pecados según las riquezas de su gracia, que hizo sobreabundar para con nosotros en toda sabiduría e inteligencia."*

A través de estas páginas, verás el proceso de una transformación radical, desde el dolor y la desesperanza hasta el gozo de una vida entregada a Cristo. Este libro es para aquellos que necesitan recordar que, sin importar cuán lejos se haya caído, siempre hay un camino de regreso cuando se coloca la vida en manos de Dios. Llénate de perseverancia y fe en Cristo Jesús. Recuerda lo que dice la Palabra:

"Misericordioso y clemente es Jehová, lento para la ira

y grande en misericordia. No contenderá para siempre, ni para siempre guardará el enojo. No nos ha hecho conforme a nuestras iniquidades, ni nos ha pagado conforme a nuestros pecados. Porque como la altura de los cielos sobre la tierra, engrandeció su misericordia sobre los que le temen" (Salmos 103:8-11).

"Pero Dios, que es rico en misericordia, por su gran amor con que nos amó, aun estando nosotros muertos en pecados, nos dio vida juntamente con Cristo (por gracia sois salvos)" (Efesios 2:4-5).

Además, Isaías 61:3 nos recuerda que Dios es capaz de dar *"a los afligidos de Sión... corona en lugar de ceniza, óleo de gozo en lugar de luto, manto de alegría en lugar del espíritu angustiado."*

Anímate a leer con el corazón abierto y la mente dispuesta a recibir un mensaje que podría cambiar tu vida para siempre. Carlos G. Pagán no solo nos cuenta su historia, sino que nos muestra que, con Dios, lo extraordinario siempre es posible.

MIS ORIGENES

Gerónimo Guationex Pagán nació en la histórica provincia de San Pedro de Macorís, en la región este de la República Dominicana. Desde joven, Gerónimo mostró una profunda afición por el béisbol, un deporte que lo convirtió en una figura reconocida en su comunidad. Fue en esta misma provincia donde conoció y se enamoró de Pola Paris Báez, con quien contrajo matrimonio en diciembre de 1975. Juntos, construyeron un hogar lleno de amor y esperanza.

Un año después de su boda, en 1976, Pola dio a luz a su primer hijo, Carlos G. Pagán. Este nacimiento fue especialmente significativo para la familia, no solo porque era su primogénito, sino también por la relevancia espiritual que conlleva. Como lo destaca Números 18:15:

"Todo lo que abriere matriz de toda carne que sacrificaren a Jehová, de hombres y de animales, será tuyo; pero el primogénito de los hombres ciertamente lo redimirás, y

el primogénito de los animales inmundos lo redimirás." También Lucas 2:23 resalta: *"Todo varón que abriere la matriz, será llamado santo al Señor." Desde su nacimiento, Carlos parecía destinado a un propósito mayor.*

Carlos creció en un ambiente lleno de fe y valores familiares, destacándose desde joven por su carácter y talento. A los 12 años, ya mostraba una habilidad excepcional para el béisbol, un talento heredado de su padre. Su destreza en el campo lo llevó a ser seleccionado para representar a la República Dominicana en competencias internacionales, una oportunidad que lo marcó profundamente.

Aunque no provenía de un hogar adinerado, Carlos recuerda con gratitud el entorno en el que Dios le permitió crecer. Su padre, un ingeniero químico azucarero, les proporcionaba una estabilidad económica que les permitía disfrutar de muchas cosas que otros no podían.

Gerónimo era un profesional altamente valorado, contratado desde los Estados Unidos para supervisar la producción de azúcar, y su experiencia lo llevó a trabajar en lugares como Luisiana, Estados Unidos, mientras residía en la

República Dominicana.

Su labor en la elaboración del azúcar de consumo fue crucial para gran parte de la sociedad americana.

En 1992, Carlos viajó por primera vez a Puerto Rico como parte de la selección dominicana de béisbol. Este viaje no solo le permitió competir a un alto nivel, sino que también le abrió las puertas a una nueva cultura y a experiencias que ampliaron su perspectiva de vida. Tan impactado quedó por su tiempo en la isla, que regresó dos veces más en ese mismo año, fortaleciendo sus lazos con Puerto Rico.

El año siguiente, 1993, fue decisivo para Carlos. Durante otro viaje a Puerto Rico, tomó la audaz decisión de establecerse en la isla, marcando el inicio de un nuevo capítulo en su vida. Sin embargo, la vida pronto lo llevó a Nueva York, donde enfrentó desafíos mucho mayores de los que había anticipado. En la gran ciudad, se encontró luchando por sobrevivir, alejado de los valores y enseñanzas que había recibido en su hogar.

Trabajando en diversos empleos, como en lavanderías, Carlos comenzó a desviarse de su camino, cayendo en un estilo de vida que no reflejaba ni su fe ni su verdadero carácter. Las decisiones equivocadas empezaron a acumularse, alejándolo cada vez más de la vida que una vez había soñado para sí mismo.

Para muchos, Carlos no inspiraba confianza ni esperanza de llegar a ser alguien diferente a lo que la sociedad veía. A los ojos humanos, era un fracaso, lejos de alcanzar el sueño dorado que todo deportista aspira a conquistar.

Mi padre
Gerónimo Guationex
Pagán

Mi madre
Pola Paris Báez

Recordando y tratando de revivir
aquellos tiempos en los que
practicaba el deporte.

CÓMO INICIÓ
MI RELACIÓN CON DIOS

Fui arrastrado por el vicio de las drogas, inicié en el negocio como vendedor, pero terminé cautivo por el vicio, al punto de dormir en las calles y buscar comida en los basureros para sobrevivir. El punto donde se distribuía droga, del cual yo era vendedor, fue sorpresivamente emboscado por la policía, y siete jóvenes fueron arrestados, entre ellos yo.

Sin embargo, gracias a que la cantidad de droga que tomaron como prueba no era suficiente para detener a todo el grupo, y por la intervención de dos mujeres jóvenes, amigas de un compañero mío, quienes al parecer cayeron en gracia con los policías, fui liberado junto con mi compañero.

A pesar de haber salido en libertad, regresé al punto donde vendía la droga, pero en el barrio se corrió la idea de que yo había delatado a mis compañeros para asegurar mi libertad. Esto me llevó a vivir bajo una constante zozobra, ya que, en ese ambiente, delatar a alguien se castigaba con la muerte. Aunque no era cierto, temía por mi vida.

La sentencia de mi muerte ya había sido acordada. Sin embargo, encontré protección en alguien que, siendo también consumidor, terminó influenciándome aún más, hasta convertirme en un drogadicto, perdido completamente en el oscuro mundo de las drogas.

Recuerdo que, viviendo bajo los efectos de dicha sustancia en la ciudad de Nueva York, desahuciado por todos, incluso por mi propia familia debido a las malas decisiones que había tomado, llegué al borde de la desesperación. Me encontraba en la calle 137, en Riverside, Manhattan, Nueva York, viviendo bajo un puente, sin bañarme durante varios días. Allí, de todo corazón, le dije a Dios: *"Señor, si Tú existes, cambia mi vida. Yo no me crie en esta condición, y si Tú te me revelas, si te manifiestas a mí, te voy a servir todos los días de mi existencia".*

Yo no conocía a Dios, pero mis palabras fueron sinceras, tanto que recuerdo lo que el apóstol Pablo dijo: *"Conozco a un hombre en Cristo que hace catorce años (si en el cuerpo, no lo sé; si fuera del cuerpo, no lo sé; Dios lo sabe) fue arrebatado hasta el tercer cielo"*

32

(*2 Corintios 12:2*). Literalmente vi un cordero que, caminando por las escaleras, se dirigía hacia mí. Ya frente a mí, me dijo: "*¿Qué haces aquí, si yo morí por ti? Sal de aquí*".

Luego de esas palabras, se dio la vuelta y regresó caminando hacia el lugar de donde había venido. Me quedé estupefacto, literalmente en shock. Cuando volví en mí, traté de seguirlo corriendo, pero cuando me dirigí hacia las escaleras, el cordero desapareció.

Tras su desaparición, lo único que vi fue un minibús o van (guagua en República Dominicana) que decía: "*Iglesia Pentecostal El Amor de Dios*". ¡Cuán real es lo que dice Juan 3:16 en la vida de aquel que clama a Cristo! "*Porque de tal manera amó Dios al mundo, que ha dado a su Hijo unigénito, para que todo aquel que en él cree no se pierda, mas tenga vida eterna.*" Aunque no conocía a Dios, al ver este aviso, comenzó una lucha interna en mí durante aproximadamente 15 minutos. En mi mente se cruzaban toda clase de ideas y ataques del enemigo.

Escuchaba una voz diciéndome: Acércate, "*yo soy el camino, y la verdad, y la vida; nadie viene al Padre, sino por mí*" (*Juan 14:6*). Pero, por otro lado, venían mensajes que me decían: "*No te van a prestar atención, te van a* rechazar". Así se mantuvo esa lucha. Hoy entiendo que el enemigo sabe lo que Dios tiene para cada persona y lo que puede hacer en y a través de ella, por lo que trata de impedir que nos acerquemos a Dios.

Finalmente, la palabra que provenía de Dios y el propósito divino prevaleció en mí. Me acerqué al minibús y le hice señas al chofer. Toqué el cristal del auto, y él bajó el cristal y me preguntó muy amablemente: "*¿En qué puedo ayudarte?*". Le pregunté si esta era una iglesia hispana. Él me dijo que sí, y luego me preguntó: "*¿Qué necesitas?*". Le respondí: "*Necesito cambiar*". Con cierta inseguridad, me preguntó: "*¿Estás seguro de lo que dices?*". Le respondí que sí. La palabra de Dios dce:

"*Todo lo que el Padre me da, vendrá a mí; y al que a mí viene, no le echo fuera. Porque he descendido del cielo, no para hacer mi voluntad, sino la voluntad del que me envió. Y esta es la voluntad del Padre, el que me envió: Que de todo lo que me diere, no pierda yo nada, sino que lo resucite en el día postrero. Y esta es la voluntad del que me ha enviado: Que todo aquel que vea al Hijo, y cree en él, tenga vida eterna; y yo le resucitaré en el día postrero*". Juan 6:37-40

"*Acercaos a Dios, y él se acercará a vosotros. Pecadores,*

34

limpiad las manos; y vosotros los de doble ánimo, purificad vuestros corazones." Santiago 4:8

Me hicieron subir a la van, sin importar que llevaba varios días sin bañarme, maloliente, como un moribundo, andrajoso y sucio. Ya dentro, recuerdo que quien manejaba el minibús era el pastor y quien estaba a su lado era su esposa. Ellos se encontraban allí porque estaban dejando a una persona que se congregaba con ellos y estaba en la ruta.

Tiempo después, ellos me testificaron que no saben por qué demoraron tanto tiempo detenidos allí, cuando en ese tipo de casos debían seguir la ruta. Si acaso, esperaban hasta que la persona entrara a su casa y luego continuaban. Hoy entendemos que todo se dio porque el Dios que servimos es un Dios de propósitos, alguien que ha planeado nuestro encuentro con Jesús y simplemente cumple Su perfecto plan en y a través de nosotros.

Nunca olvidaré mientras viva esa conversación que sostuve con ellos ese día. Me preguntaron: *"¿Tú quieres cambiar?"*. Mi respuesta fue un sí determinante. Entonces me dijeron: *"Si quieres cambiar, debes aceptar a Cristo como tu Salvador"*. Inmediatamente respondí que sí. Podía ver en ellos una sincera preocupación por mí. Me dijeron: *"Si lo haces en este momento, tu vida va a cambiar a partir de este instante"*. Sorprendido, les pedí que me explicaran cómo eso podía ser posible.

Me llevaron a 2 Corintios 5:17, que dice: *"De modo que si alguno está en Cristo, nueva criatura es; las cosas viejas pasaron; he aquí todas son hechas nuevas"*. Cuando me dijeron esto, sin yo conocer la Palabra, empecé a llorar y caí quebrantado como nunca antes lo había hecho. Llorando, les pregunté: *"¿Desde el momento de hacer esa oración, ustedes me están diciendo que yo dejaré de ser un delincuente, un drogadicto, un desamparado, un andrajoso, un perdido y seré una persona nueva?"*. La respuesta fue: *"Claro que sí"*.

Y añadieron: *"Además, si deseas, puedes irte con nosotros; si estás dispuesto, te llevaremos"*. Yo, de manera efusiva, respondí que sí quería irme con ellos. Recuerdo que estaba lloviendo fuertemente, y así conducían la van. Recuerdo que la velocidad a la que íbamos era entre 65 y 70 millas por hora.

De repente, un taxi frenó en seco frente a nosotros, como a distancia de cinco autos. Cuando el conductor, el pastor, frenó, la van no pudo detenerse por la lluvia, y comenzó a patinar. En el momento en que íbamos a chocar con el taxi, por primera vez vi literalmente la mano de Dios. Una mano gigante cubrió el cristal y tomó la van por el parachoques. Esa mano no solo la vi yo, acabando de aceptar a Cristo, sino también los pastores. *"El ángel de Jehová acampa alrededor de los que le temen, y los defiende." Salmos 34:7*

Esa mano no permitió que la van tocara el taxi, quedando a una distancia mínima entre ambos vehículos. Allí, los pastores comenzaron a hablar en lenguas. Yo no entendía esas experiencias, pues no había sido bautizado en el Espíritu Santo, pero allí entendí el propósito de Dios para mí.

Cuando me encontraba lejos de Dios, apartado en el mundo y sin esperanza, mi vida era un caos. Bajo ese puente, mi existencia era todo lo contrario a lo que siempre soñé. Lejos de casa, lejos de amigos, lejos de todo lo bueno a lo que había renunciado por culpa del vicio y los deseos de disfrutar mi juventud, me encontraba en la oscuridad más profunda. Había dejado atrás los valores con los que crecí, reemplazándolos por un estilo de vida que me llevó a la degradación total.

El puente bajo el que vivía se convirtió en mi refugio, pero también en mi prisión. Era un lugar donde las sombras y el frío se mezclaban con la desesperanza que sentía. Cada día era una batalla constante para encontrar algo que comer y sobrevivir un día más en un mundo que ya no tenía color ni alegría. Los sueños que una vez tuve, de una vida llena de propósitos y logros, se habían desvanecido, dejándome solo con el eco de mis errores.

La experiencia espiritual en la que pude ver al Cordero, seguida de haber visto ese minibús, marcó mi vida para siempre. Fue como si Dios mismo hubiera descendido a ese lugar oscuro y desesperado para recordarme que, aunque había caído tan bajo, aún no estaba fuera de Su alcance. Dicha manifestación divina me llenó de una esperanza que no había sentido en años, una esperanza que me decía que tal vez no era demasiado tarde para volver y encontrar la redención.

¡Cuánto agradezco a Dios por esos pastores que me recibieron en aquel pequeño autobús y tuvieron tal sensibilidad hacia la necesidad del ser humano! Ellos no solo me ofrecieron un lugar en su vehículo, sino también un lugar en la familia de Dios. Fue en ese momento cuando realmente entendí lo que significa ser amado incondicionalmente, no por lo que uno ha hecho o dejado de hacer, sino simplemente por ser una creación de Dios, alguien a quien Él desea salvar y restaurar.

Finalmente, las semillas sembradas estaban dando frutos que reflejaban el poderoso milagro que Dios estaba realizando en mi vida:

"Pero otra parte cayó en buena tierra y dio fruto, creciendo y aumentando: y produjo a treinta, a sesenta y a ciento por uno. Pero los que fueron sembrados en buena tierra, estos son los que oyen la palabra y la reciben, y dan fruto a treinta, a sesenta y a ciento por uno." Marcos 4:8, 20

Cuando decidí quedarme en la Isla de Puerto rico y abandonar

UN HOGAR DE REHABILITACIÓN PARA MI

Luego de todo esto, estando en la iglesia, se me propuso ingresar al centro de rehabilitación. No me rehusé. Estaba hastiado de la vida que llevaba, de la constante lucha contra el vicio, y sabía que necesitaba un cambio radical. Así fue como ingresé al ministerio *"Libres por Jesucristo"*, un lugar que se convertiría en el campo de batalla donde Dios me ayudaría a salir triunfante.

El centro, fundado por el pastor José Vargas, no era un lugar fácil. Desde el momento en que crucé la puerta, supe que no sería una estancia cómoda. *"Libres por Jesucristo"* tenía una disciplina estricta, diseñada para quebrantar el orgullo y construir un carácter basado en la Palabra de Dios. Sabía que sería un proceso difícil, pero también necesario para mí.

A las cinco de la mañana, el llamado a despertar me arrancaba del sueño. No importaba cuán cansado estuviera; debía levantarme y estar listo para la capilla a las seis. El tiempo de oración era obligatorio, y no había excusas para faltar. Dedicábamos tiempo a la lectura de la Biblia, algo obligatorio para todos.

Con el tiempo, esta práctica se convirtió en un hábito esencial para mí, tal como decía el salmista: *"Lámpara es a mis pies tu palabra, y lumbrera a mi camino"* (Salmo 119:105). Cada versículo me daba esperanza y fortaleza en medio de la batalla interna que estaba librando.

El ayuno era prácticamente una práctica diaria. Al principio, me costaba mantenerme enfocado, pero poco a poco empecé a entender que el ayuno no solo purificaba mi cuerpo, sino también mi espíritu. Era un sacrificio, una manera de rendirme completamente a Dios y de dejar que Él tomara el control de cada aspecto de mi vida. El devocional, que se llevaba a cabo de lunes a viernes, era otro momento crucial. Aquí, compartíamos la Palabra, orábamos juntos y aprendíamos a apoyarnos mutuamente en nuestra fe.

No todo fue fácil. En más de una ocasión, me encontré quebrantando alguna de las reglas. Tal vez fue la resistencia natural de mi carne, o quizás era simplemente el viejo yo intentando rebelarse contra la transformación que Dios estaba obrando en mí. Estas infracciones me costaron algunas restricciones, como la prohibición de salir del centro por un día o de ver a algún familiar o amigo.

Aunque me dolía, entendía que cada corrección era parte del proceso de Dios en mi vida. Hebreos 12:11 se hacía realidad: *"Ninguna disciplina, en el momento de recibirla, parece ser causa de gozo, sino de tristeza; pero después da fruto apacible de justicia a los que en ella han sido ejercitados."*

A medida que pasaban los meses, mi tiempo en *"Libres por Jesucristo"* me transformaba de maneras que nunca había imaginado. El programa estaba diseñado para completarse en 12 meses, y cumplí con todos los requisitos. Sin embargo, al llegar el momento de graduarme, sentí en mi corazón que no había terminado mi proceso.

Decidí quedarme un año más, voluntariamente, con el deseo de profundizar en mi relación con Dios y de fortalecer mi carácter. Fue un tiempo adicional de refinamiento, en el que Dios continuó moldeándome y preparándome para el ministerio que tenía preparado para mí.

A pesar de mi compromiso y esfuerzo, no siempre fui bien recibido. Durante mucho tiempo, fui menospreciado por muchos en el ministerio. Sentía que, a pesar de todo lo que estaba dando, no reconocían mi verdadero potencial. Pero Dios tenía un plan, y aunque el reconocimiento humano tardó en llegar, sabía que estaba bajo la mano moldeadora del Maestro.

Al final de mi tiempo en el centro de rehabilitación, cuando finalmente me gradué, mis mentores comenzaron a ver lo que Dios había colocado en mis manos. Fue entonces cuando comprendí que todo el sufrimiento, la disciplina y las pruebas habían sido necesarios para preparar el terreno para lo extraordinario que Dios tenía para mi vida.

Romanos 8:28 se convirtió en mi ancla: "Y *sabemos que a los que aman a Dios, todas las cosas les ayudan a bien, esto es, a los que conforme a su propósito son llamados.*" En ese lugar de disciplina y refinamiento, aprendí que Dios no solo me había llamado a salir de la oscuridad, sino que me estaba preparando para ser un instrumento de Su luz en un mundo lleno de tinieblas.

Además, recordé las palabras de Filipenses 1:6: "*Estando persuadido de esto, que el que comenzó en* vosotros la buena obra, la perfeccionará hasta el día de Jesucristo". Sabía que Dios estaba completando Su obra en mí, llevándome a un nuevo nivel de fe y compromiso.

Detrás de mí se encuentra el senador Rev. Dr. Rubén Díaz, quien presenció la entrega de mi certificado de graduación del Ministerio Libres por Jesucristo en el Bronx, Nueva York.

EN EL PROCESO DE DIOS

Entre los años 1998 y 1999, ingresé al ministerio "Libres por Jesucristo". En ese lugar comenzó un proceso en mi vida que fue tan intenso como transformador. Durante ese tiempo, experimenté un profundo moldeamiento de carácter, un quebrantamiento de mi voluntad rebelde, y el rompimiento de ataduras que habían acompañado mi vida durante muchos años.

Aquellos que han estado en un centro de rehabilitación comprenden cuán desafiante es mantenerse firme en un entorno así. La recuperación de un drogadicto y la regeneración de una persona adicta, especialmente a las sustancias psicoactivas, es un proceso que pocos logran completar con éxito.

Muchos especialistas en salud mental afirman que es casi imposible que una persona completamente adicta a las drogas pueda regenerarse. Sin embargo, los que hemos conocido a Cristo y hemos experimentado el poder transformador de Dios en nuestras vidas, sabemos que para Él no hay imposibles. Como está escrito: *"Porque nada hay imposible para Dios" (Lucas 1:37).*

El centro de rehabilitación donde estuve se regía por reglas extremadamente estrictas. El período estándar para completar el proceso de recuperación era de doce meses, aunque este tiempo podía extenderse si no se observaban cambios significativos en la persona, o si esta deseaba permanecer allí por más tiempo.

Después de un período determinado en el centro, los residentes tenían el derecho de salir una vez al mes y de recibir una visita mensual por parte de un familiar o persona cercana. No obstante, el incumplimiento de las reglas podía llevar a la pérdida de estos privilegios durante el tiempo que durara la infracción.

Fui disciplinado en varias ocasiones, pero no por mala conducta. En ese lugar, incluso gestos de cortesía hacia una persona del sexo opuesto, como brindar una buena atención a una joven o mostrar caballerosidad, eran motivo de disciplina. Por estas acciones, fui castigado varias veces.
Experimenté ayunos de lunes a viernes, desde las

cinco de la mañana hasta las cinco de la tarde. La lectura de la Biblia era obligatoria de dos a tres de la tarde. Estas prácticas no eran fáciles, pero formaban parte de las reglas del centro. Sin duda, estas disciplinas me preparaban para los desafíos futuros.

Hoy amo la Palabra de Dios, porque a través de ella aprendí el significado profundo de estos versículos: *"Hijo mío, no menosprecies la disciplina del Señor, ni te desanimes cuando te reprenda, porque el Señor disciplina a los que ama, y azota a todo el que recibe como hijo"* (Hebreos 12:5-6).

Aunque en ese momento parecía injusto ser disciplinado por intentar ser cortés y amable, ahora comprendo que son esos procesos, que en su momento no entendemos, los que marcan nuestras vidas para bien. Con el tiempo, comprendemos sus propósitos, tal como dice la Palabra: *"Lo que hago, tú no lo comprendes ahora, pero lo entenderás después"* (Juan 13:7).

A lo largo de mis años en el ministerio, he sido testigo de muchas injusticias y situaciones que hubiera preferido no presenciar. Sin embargo, los procesos en Dios nos forman, nos enseñan a sanar y nos capacitan para sanar a otros. Nos ayudan a comprender que el mundo está lleno de injusticias, y como ministros del evangelio, debemos enfrentarlas con sabiduría y valentía.

Creo firmemente en la importancia de los procesos. Estos son necesarios para el crecimiento en la obra del ministerio. Sin procesos, no hay formación; sin formación, no hay carácter; y sin carácter, no seremos efectivos, sino peligrosos. Intentar evadir los procesos en la vida cristiana es correr el riesgo de convertirnos en personas inmaduras y propensas al fracaso. Por eso, bendigo a Dios por todo lo que tuve que vivir, no solo en aquel centro de rehabilitación, sino también por lo que día a día me sigue enseñando para Su gloria y honra.

Repartiendo folletos evangelisticos en las calles de Nueva York

LLAMADO AL MINISTERIO

Decidido a seguir amando y sirviendo a Cristo, me comprometí a profundizar en mi comunión y relación con Dios y con la congregación. Así, después de recibir instrucción en las verdades y doctrinas del Evangelio, descendí a las aguas bautismales, sellando mi compromiso con el Señor y convirtiéndome en un miembro activo y en plena comunión con la iglesia *"Libres por Jesucristo"* del Bronx, N.Y.

En esta congregación, comencé a servir con dedicación, pero mi corazón ardía por llevar el mensaje del Evangelio a las calles, deseando con todo mi ser que otros pudieran experimentar la transformación que yo había recibido.

Mi anhelo era que cada persona conociera al Dios que había obrado un cambio radical en mi vida. Encontraba una profunda satisfacción al repartir tratados evangelísticos por las calles de Nueva York durante el verano, y en invierno, sentía gozo incluso al palear la nieve para despejar las aceras y ayudar a los demás.

Cada acto de servicio, por pequeño que fuera, se convertía en una bendición, tanto para mi vida como para la de quienes me rodeaban. Servir a Dios y a la comunidad era para mí una forma de glorificar Su nombre, tal como enseña Su Palabra: *"Y todo lo que hagáis, hacedlo de corazón, como para el Señor y no para los hombres"* (Colosenses 3:23).

A lo largo de mi caminar cristiano, he sido testigo de varias experiencias sobrenaturales que han marcado mi vida de manera profunda. Una de las más significativas, además de lo ocurrido bajo el puente de la calle 137 en River Sites, fue una visión que Dios me reveló.

Como mencioné al inicio de este libro, nací en San Pedro de Macorís, un lugar caracterizado por dos ríos, el Soco y el Higuamo, que atraviesan el pueblo y desembocan en el mar Caribe. Estos ríos albergan una especie única de peces que pueden vivir tanto en agua dulce como en agua salada, lo cual siempre me pareció algo maravilloso. Fue precisamente acerca de estos ríos y peces que tuve una visión.

En esa experiencia, vi a mi pueblo atravesando una

gran escasez, similar a la hambruna que se vivió durante los días de José y las doce tribus de Israel. En medio de esa escasez, el Señor se me apareció, tomó mi mano y me condujo hasta el río Soco. Literalmente, caminábamos juntos, y me dijo: *"Vas a experimentar mi poder"*. Mientras sostenía mi mano, me hizo caminar sobre las aguas del río Soco, de la misma manera en que Pedro caminó sobre el agua al ser llamado por Jesús.

Luego, en la misma visión, me dijo: *"Ya has visto mi poder al caminar sobre las aguas, pero ahora vas a experimentar mi provisión"*. En medio de la escasez que asolaba a mi pueblo, el Señor se sentó en el suelo, con las piernas cruzadas, y me invitó a hacer lo mismo. Frente a frente, me miró y dijo: *"Mira lo que te entrego en medio de toda esta escasez"*.

En ese momento, vi una multitud de peces que surgían en abundancia. Me quedé asombrado ante tal provisión, comprendiendo profundamente que Él es mi proveedor. A través de esta visión, Dios me enseñó que, en medio de cualquier adversidad, Él, Jehová Jireh, no me dejará ni me desamparará, tal como lo afirma Su Palabra: *"No te desampararé ni te dejaré"* (Hebreos 13:5).

Hoy, a pesar de los años que Dios me ha permitido

vivir en Sus caminos y trabajar en Su obra, he visto el cumplimiento de aquella visión. Dios ha sostenido mi vida, mi familia y mi ministerio, permitiéndonos ser también de bendición para otros, todo para la gloria de Su nombre.

Saliendo de las aguas en mi bautizo

Segundo bautizo en la Primera Iglesia Pentecostés "Libres por Jesucristo" en San Pedro de Macorís, ministrando bajo una unción poderosa.

Junto a pastores de San Pedro de Macorís cercanos a nuestra congregación, fui ungido como pastor de la Primera Iglesia Pentecostés "Libres por Jesucristo"

MATRIMONIO Y SANIDAD

Después de ser restaurado, decidí quedarme un tiempo más en el centro, tras la pregunta del pastor sobre qué deseaba hacer con mi vida después de graduarme con honores. Le expresé mi deseo de permanecer allí seis meses adicionales, y hoy agradezco profundamente haber tomado esa decisión, ya que fue un periodo de gran crecimiento espiritual y personal. Durante ese tiempo, llegué a ser líder, sirviendo en la obra del Señor, lo cual fortaleció mi fe, por lo que alabo y glorifico Su nombre.

Luego de todas esas experiencias enriquecedoras, llegó el momento de contraer matrimonio con la maravillosa persona que Dios puso en mi vida, quien hoy sigue a mi lado como ayuda idónea: mi amada Santa Mercedes de Pagán. Desde el año 2001, hemos compartido una vida juntos, y es maravilloso descubrir lo que dice la Palabra respecto al matrimonio: *"El que halla esposa halla el bien, y alcanza la benevolencia del Señor"* (Proverbios

18:22).

"*Mejores son dos que uno; porque tienen mejor paga de su trabajo… cordón de tres dobleces no se rompe pronto*" (*Eclesiastés 4:9, 12*). "*Honroso sea en todos el matrimonio, y el lecho sin mancilla*" (*Hebreos 13:4*).

No ha sido una vida fácil en todo momento, porque todo matrimonio enfrenta dificultades, ya sean económicas, emocionales, espirituales, entre otras. Pero cuando Dios es quien une a una pareja, Él la sostendrá en medio del proceso. Como dice la Escritura: "*Lo que Dios ha unido, que no lo separe el hombre*" (*Mateo 19:6*). Ha sido una maravillosa aventura caminar al lado de mi esposa.

Mi esposa ha sido mi compañera, mi hermana, mi amiga, mi confidente, mi amante y la madre de nuestros cinco maravillosos hijos: cuatro varones y una mujer, quienes han sido un apoyo invaluable en nuestro ministerio, y servicio al Señor. Todo esto es extraordinario, y estoy muy agradecido con el Señor Jesús por Su fidelidad no merecida, y por abrazarme con Su gracia. Sin embargo, todo lo anterior no tendría sentido si ocultara una verdad que, aunque difícil de contar, es crucial para expresar la magnitud del Dios a quien servimos.

Durante mi vida de pecado y vileza, atado por Satanás (que el Señor lo reprenda), fui esclavo del vicio de la droga y de los placeres carnales. Los excesos me llevaron al borde de la muerte, y de no ser por la misericordia de Dios, hoy Carlos Pagán no existiría. La Palabra dice: *"Si no fuera por la misericordia del Señor, ya habríamos sido consumidos"* (*Lamentaciones 3:22*).

En medio de esa vida libertina y descontrolada, caí en la promiscuidad sexual, lo que me llevó a contraer una enfermedad mortal conocida como VIH/SIDA. Sin embargo, la mano de Dios fue benévola conmigo, sanándome y eliminando todo rastro de dicha enfermedad en mi cuerpo. Hoy, tener vida, una maravillosa familia, y más de dos décadas de servicio en el ministerio, es evidencia de que Dios es un Dios de propósitos. Como dice Su Palabra: *"El Señor te librará de toda enfermedad"* (*Deuteronomio 7:15*).

Además, antes de mi matrimonio, embaracé a una mujer que dio a luz a mi primogénito cuando yo tenía apenas 16 años. Pude verlo durante su primer año de vida, pero después de ese tiempo, perdí contacto con él. Su madre falleció, y no volví a saber de mi hijo hasta que cumplió seis años. Cuando lo recuperé, fue una bendición de Dios, porque Él me había prometido devolverme todo lo que el enemigo me había quitado. La Escritura dice: *"Y os restituiré los años que comió la oruga, el saltón, el revoltón y la langosta"* (Joel 2:25).

Después de graduarme en el ministerio, fui a buscar a mi hijo. Al no encontrarlo en su lugar habitual, unos vecinos me llevaron a donde él estaba. Lo encontré jugando en el pasillo de una segunda planta. Cuando me vio, dejó de jugar y lanzó un fuerte grito diciendo: *"¡Papá!"*, y salió corriendo hacia mí, abrazándome tan fuerte que no quería soltarme. Esto me sorprendió profundamente, porque no me veía desde hacía casi cinco años. Era increíble que un niño de seis años pudiera reconocerme.

Entré en el apartamento donde estaba su madre, quien, muy molesta, me preguntó dónde había estado todo ese tiempo. Le expliqué lo sucedido con la droga y cómo Dios me había perdonado. Ella me dijo: *"Si Dios te perdonó, yo también te perdono"*. Después de cinco años de no saber nada de mi hijo, me preguntó qué pensaba hacer con él, y le respondí que lo que ella decidiera estaría bien. Ella me dijo: *"Llévatelo"*. Tomé a mi hijo y lo llevé conmigo. Mi esposa lo recibió como un hijo propio. Hoy, mi hijo tiene 28 años, y juntos disfrutamos del amor de Dios impartido en nuestras vidas y familia.

Soy la muestra de que lo vil y menospreciado del mundo, Dios lo escoge para avergonzar a los sabios y entendidos. Sería un ingrato si no diera a Dios toda la gloria por haber hecho de mí quien soy hoy. La vida que vivo es solo la muestra de la infinita gracia de Aquel que me rescató, dando Su vida por mí. Como está escrito: *"Pues Dios escogió lo necio del mundo para avergonzar a los sabios; y escogió lo débil del mundo para avergonzar a los fuertes"* (1 Corintios 1:27).

Nuestra boda, llevada a cabo el día 17 de febrero del 2001.

"El que halla esposa halla el bien, y alcanza la benevolencia de Jehová."
Proverbios 18:22

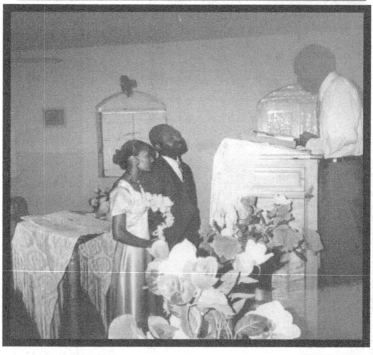

63

LO SOBRENATURAL DE DIOS

Conozco el riesgo que se corre al testificar acerca de las grandes cosas que Dios ha hecho no solo en mí, sino también a través de mí. Vivimos en una sociedad que se ha vuelto incrédula, crítica y prejuiciosa. Sin embargo, mi intención no es alardear de algo que, como dice la Escritura, no es mío. *"¿Por qué te glorías como si no lo hubieras recibido?"* (*1 Corintios 4:7*). Todo lo que tengo y he logrado es por la gracia de Dios.

No busco, a través de mi testimonio, atraer la atención de las multitudes hacia mi persona, pues soy indigno siquiera de la gracia que he recibido. Mi único deseo es glorificar a Aquel que me llamó y escogió para la alabanza de Su nombre. A Él sea toda la gloria y la honra. Mi deseo es que, a través de este relato, miles de almas reconozcan a Cristo en sus corazones como el único Salvador y medio de obtener la libertad completa de la maldición del pecado y sus vicios.

En algún momento, la mayoría de nosotros hemos leído la Palabra que nos insta a testificar sobre lo que Dios ha hecho en nuestras vidas: *"Porque no podemos dejar de decir lo que hemos visto y oído"* (Hechos 4:20). Por esta razón, mi testimonio ha sido plasmado en estas páginas, con la esperanza de que cumpla el propósito para el cual este libro fue creado.

El título de este capítulo se debe a que he sido testigo directo del poder y la sobrenaturalidad de Dios, no solo en mi vida, sino a través del ministerio que, por gracia, ha puesto en mis manos. He visto de primera mano Su mover y el poder transformador que tiene, y es de esto que quiero testificar.

Como mencioné en un capítulo anterior, recibí de Dios una visión en la que, al igual que el apóstol Pedro, caminé sobre las aguas (Mateo 14:29). Esa experiencia marcó mi vida, pues aprendí lo que significa caminar por fe, aferrarme al llamado de Su servicio y confiar en Sus promesas de provisión.

En esa visión, fui llevado a mi pueblo natal, donde vi la hambruna y la necesidad de la gente. En medio de esa escena, escuché la voz de Dios diciéndome que Él me proveería todo lo necesario, y Su promesa ha sido fiel, pues me ha sustentado durante toda mi vida y ministerio hasta hoy. Él es Jehová Jireh, *"el Señor proveerá" (Génesis 22:14).*

Recuerdo que en la primera campaña en la que Dios me permitió predicar, en Charlotte, Carolina del Norte, el Señor me mostró a una mujer en la congregación y me dijo: *"Aquí hay una mujer que siente algo que se mueve en su vientre. Ha visitado varios médicos, pero no le han encontrado nada, porque lo que tiene es de origen espiritual. Llámala, y si no pasa, te mostraré quién es".* Cuando la llamé, ella no quiso pasar, pero el Espíritu Santo me la señaló y la llamé nuevamente.

Ella pasó al altar, y cuando llegó, la miré fijamente y le dije: *"Tienes algo en el vientre que los médicos no han podido diagnosticar porque es espiritual. En el nombre de Jesús, ahora mismo eres libre".* Ella cayó al suelo y, para mi asombro, vomitó dos huevos y luego una criatura similar a un murciélago. Este evento fue grabado en video. Fue la primera vez que presencié una manifestación tan poderosa de liberación, y agradezco a Dios porque desde ese momento, Su respaldo en nuestro ministerio ha sido constante. A Él sea la gloria.

En otra ocasión, durante una campaña en Long Island, Nueva York, ocurrió algo similar. Una joven llegó a la actividad, y Dios me dijo: *"Aquí hay una joven que siente algo que se mueve en su estómago. Sus padres la han llevado a diferentes médicos, pero no han encontrado nada porque es algo espiritual. Llámala, y si no pasa, te la mostraré".*

Hice el llamado, pero ella no pasó al altar, así que Dios me la señaló. La llamé y le dije: *"Eres tú"*. En ese momento, el Espíritu la tomó, la hizo girar y la llevó al altar danzando. Este evento también fue grabado y está en nuestras redes sociales. Cuando cayó en el altar, le dije: *"Espíritu de serpiente, Santa Marta, suelta a esta joven en el nombre de Jesús, ella es libre"*. Para mi sorpresa, vomitó una serpiente envuelta en vómito y gusanos. Este acto también quedó registrado en video.

Para quienes me leen, quizás no sepan de la amistad que me une con el estimado pastor y amigo Juan Carlos Harrigan, con quien mantengo una estrecha relación. En dos ocasiones, Dios me permitió profetizarle algo respecto a su vida que marcaría un antes y un después en su persona, familia y ministerio.

La primera vez, recuerdo que estaba orando a las 3 de la mañana y el Señor me dijo: *"Llama a mi siervo Juan Carlos Harrigan. Él está orando en el templo, preocupado y gimiendo, a la derecha del altar. Se siente como un niño desamparado y está pidiendo por su estatus. Llámalo"*. El Señor continuó diciéndome: *"Dile que deje de estar indeciso sobre hacia dónde ir. No es ni Canadá ni Europa; lo he llamado para que se quede en Kansas City"*.

Cuando lo llamé y él contestó, noté que quería evitar que me enterara de lo que estaba pasando. Le dije: *"No finjas estar bien, sé por lo que estás pasando. Estás al lado derecho del altar gimiendo y pidiendo a Dios sobre tu futuro, y tienes dos opciones en mente"*. Dios te dice que dejes de preocuparte, Él se encargará de todo, y cuando menos lo esperes, Dios proveerá. Juan Carlos se sorprendió, reconociendo que realmente era Dios quien hablaba a través de mí. Se puso de pie y me dijo: **"Así es, estoy al lado derecho del altar orando y pidiendo exactamente por eso"**.

Luego, unos días después, fui invitado a predicar en una congregación americana que Juan Carlos Harrigan rentaba con su esposa. En el momento de la ministración me dirigí a ella y le dije al oído: *"Dayana el Señor me dice que te diga que ya no me preguntes que para donde vas a ir a establecerte, no es Canadá ni Europa, tu lugar es aquí en Kansas"*. En el momento que le dije esta palabra, ella se desplomó. En la segunda oportunidad, guiado por Dios, le profeticé sobre su ciudadanía americana. Le dije: *"Dios me dice que te lances y hagas las gestiones para aplicar para la ciudadanía americana ahora"*. Él me respondió: *"Pero no hablo inglés"*. Insistí: *"Lánzate ahora en fe, este es el tiempo de recibir tu ciudadanía"*. Obedeció la voz de Dios, aplicó, y hoy, para la gloria del Rey, mi amigo Juan Carlos Harrigan tiene su ciudadanía americana, sin necesidad de hablar inglés y sin hacer nada fuera de su alcance.

El reconoció el llamado profético que Dios ha hecho sobre mi vida. No soy digno de experimentar tanta gracia; de haber sido una persona vil, menospreciada por la sociedad y rechazada incluso por mi familia, no tendría de qué gloriarme, pero Dios toma lo vil y lo menospreciado y lo convierte en algo extraordinario, para que nadie se gloríe en sí mismo, sino que reconozcamos que todo lo que tenemos es por pura gracia y misericordia (1 Corintios 1:28-29).

"Por tanto, al Rey de los siglos, inmortal, invisible, al único y sabio Dios, sea honor y gloria por los siglos de los siglos. Amén." 1 Timoteo 1:17 .

En una ocasión, Dios me permitió orar por la suegra del vicecónsul Gregorio Malena de la República Dominicana en Nueva York. Ella fue diagnosticada con cáncer, y Dios la sanó, quedando libre completamente de toda enfermedad. Sin duda, Dios escucha y responde a quienes Él ha llamado para cumplir Su propósito aquí en la tierra.

Quiero también compartir una experiencia que marcó el inicio de mi ministerio. Cada año, organizábamos una actividad para regalar juguetes a niños de escasos recursos el 6 de enero y bendecirlos. En una de esas actividades, enfrentamos una escasez, logrando reunir solo juguetes para unos 30 niños, cuando habían llegado aproximadamente 150. Me sentí en una encrucijada; era un momento donde mi fe sería puesta a prueba y vería la mano milagrosa de Dios obrando una vez más en favor del ministerio.

Sin otra opción, fui a la parte trasera del lugar y comencé a gemir y llorar ante la presencia de Dios. El Señor me dijo: "Levántate y ve al lugar donde venden los juguetes". Obedecí, me levanté y le pedí a mi esposa que continuara con el programa, cantando con los niños mientras yo me dirigía a un lugar llamado "El Parque" en el centro de San Pedro de Macorís, donde se reunían muchos vendedores de juguetes. Allí dejé la actividad, donde se repartían golosinas a los pequeños, para ir en busca de lo que necesitábamos sin dinero en el bolsillo.

Al llegar a aquel lugar, vi a un hombre de unos 30 o 33 años, con piel canela y ojos azules como el océano. Me levantó la mano y me dijo: *"Corre, te estaba esperando"*. Me bajé de la moto y me dirigí hacia él. Me dijo: **"Sígueme"**. Al llegar al lugar donde me conducía, vi una cantidad de bolsas con juguetes y me dijo: *"Toma todo esto, llévatelo, te están esperando"*.

Estaba estupefacto, pero no podía quedarme más tiempo, ya que había dejado a mi esposa con los niños. Agarré las bolsas y hice un gran esfuerzo para colocarlas todas en la moto en la que había llegado. Aunque fue incómodo, logré acomodarlas y comencé mi regreso al sitio de la actividad.

Después de haber recorrido aproximadamente tres cuadras, caí en cuenta de que no sabía quién era la persona que me había entregado los juguetes. Regresé para preguntar por esa persona, y para mi sorpresa, nadie la conocía. Me dijeron que si yo estaba loco, pues ninguna persona con esas características trabajaba allí. Aún más sorprendido, me dirigí a la moto, me subí en ella y tomé de nuevo el camino hacia el lugar de la actividad.

Cuando llegué al lugar, le entregué los juguetes a los niños que estaban esperando y, cuando estaba en mi tiempo a solas con Dios, comprendí que el Señor había enviado un ángel para socorrernos en ese momento de necesidad.

Estas experiencias, entre muchas otras que he vivido, han confirmado en mi corazón que Dios es fiel y Su poder no tiene límites. A través de ellas, he aprendido a confiar completamente en Él, sabiendo que Él siempre tiene el control y que, como dice Su Palabra, *"Todas las cosas ayudan a bien a los que aman a Dios" (Romanos 8:28).*

En una de las actividades para niños, el 6 de enero

Articulos que testificaban del poder de Dios a través de
nuestro ministerio.

IMPACTO DE PODER

Muchos ya conocen esta frase como el nombre del ministerio que Dios ha puesto en mis manos para cumplir Su propósito. Sin embargo, quiero hablar un poco más al respecto y compartir cómo surgió la visión de llamarlo así.

Dios me permitió tener una experiencia que estremeció profundamente mi vida. Yo estaba en el pastorado en una congregación que Dios me permitió iniciar en San Pedro de Macorís, en la República Dominicana, en el año 2003. La iglesia se llama Iglesia Pentecostés Libres por Jesucristo. Recuerdo que mientras predicaba y discipulaba a los nuevos convertidos, sirviendo al Señor, viví algo verdaderamente sorprendente.

En el barrio donde se encontraba la iglesia, había un satanista. No estoy seguro si era haitiano o quizás una mezcla de ambas nacionalidades. Él tenía su casa en la calle que está detrás de la iglesia, y cada año organizaba una fiesta satánica conocida como *"trille"* o *"fiesta de palo"*. En sus festividades, traían músicos dedicados a estos rituales desde la República de Haití. Allí mismo hacían sacrificios de animales como parte de sus rituales. Todos sabemos que el uso de esos tambores en esas festividades es para invocar demonios.

Esta fiesta duraba 21 días, y el sonido se escuchaba en toda la calle y los alrededores. Cuando pasaban personas débiles espiritualmente, caían al suelo revolcándose o quedaban cautivas de esos espíritus malignos. Incluso, a veces llovía y estos jóvenes caían al suelo revolcándose. Era muy doloroso ver cómo el enemigo tomaba el control de las personas que por allí pasaban. Mi corazón se llenaba de indignación, deseando ver la manifestación de Dios en aquel lugar y que Su Reino fuese establecido.

Ante esta situación, reuní a mi esposa y a algunos hermanos de la iglesia y les dije: *"Si Dios nos trajo a este lugar, esta gente se tiene que arrepentir o irse, así que vamos a meternos en ayuno y oración por ese propósito".* Nos llenamos de valor como dice la palabra en 2 Timoteo 1:7: *"Porque no nos ha dado Dios espíritu de cobardía, sino de poder, de amor y de dominio propio."*

Nos dedicamos a orar y a ayunar, pidiendo al Señor que esos espíritus inmundos no se manifestaran en el barrio y que colocara ángeles para proteger los alrededores de la iglesia, ya que el satanista tenía su centro satánico detrás de nuestra congregación. Y Dios escuchó nuestra oración, activando a Sus ángeles.

Por primera vez después de mucho tiempo, sus rituales no surtieron efecto. No pudieron ver a ningún espíritu subirse sobre la cabeza de algún candidato a satanista. Esto los confundió mucho, así que colocaron velas en toda la calle para que, según ellos, los espíritus encontraran el camino hacia el centro. Pero la Biblia dice: *"La oración eficaz del justo puede mucho"* (Santiago 5:16).

Los espíritus le mandaron un mensaje al satanista, diciéndole que salieran de ahí lo más rápido posible, no porque no encontraran el camino, sino porque había ángeles que no les dejaban pasar. Como resultado, el satanista se fue con sus rituales del lugar, y ese sitio hoy permanece en ruinas mientras la iglesia sigue de pie, ¡aleluya! Tal como dice la Escritura: *"Y yo también te digo, que tú eres Pedro, y sobre esta roca edificaré mi iglesia; y las puertas del Hades no prevalecerán contra ella"* (Mateo 16:18).

En otra ocasión, antes de que este satanista se fuese, muchos jóvenes comenzaron a escuchar el mensaje, y el Espíritu Santo fue tocando a cada uno de ellos, sellándolos y bautizándolos. Este hombre se acercaba a los jóvenes y les decía que no se acercaran al pastor Carlos Pagán, y que, si yo los tocaba, ellos caerían al piso y no deberían dejarme tocarles. El propósito de acercarse a ellos era porque quería convertirlos en candidatos al satanismo. Posteriormente, ellos me confesaron lo que este hombre les pedía.

El satanista, en su afán de demostrar que él era más poderoso y ganar adeptos, les dijo a los jóvenes que entraría a la iglesia y arruinaría todo lo que estaba sucediendo allí. Pero cuando trató de entrar al templo y puso el pie en la puerta principal, yo estaba en el altar predicando, totalmente ajeno a sus planes. En ese momento, vi que desde el altar salió una mano gigante que se extendió y lo agarró por el pecho, obligándome a echarme a un lado. Como dice la Escritura: *"Hijitos, vosotros sois de Dios, y los habéis vencido; porque mayor es el que está en vosotros, que el que está en el mundo"* (1 Juan 4:4).

Esa mano lo levantó y lo golpeó contra el techo de lámina, lo llevó a ambos lados del templo y lo golpeó contra las paredes de madera. Luego, lo volvió a subir y lo soltó, dejándolo caer al piso. Al caer, su estómago comenzó a crecer como el de una mujer a punto de dar a luz, sus ojos se le brotaron como si se fueran a salir, y su lengua se extendió hasta tocarle el pecho. Fue una experiencia terrible. Intenté acercarme para orar por él, pero un ángel que vi me gritó: *"No te metas"*, y cuando levantó el pie, se lo puso en el pecho y le dijo: *"No te mueves"*.

Este satanista, estupefacto, se quedó quieto, respirando profundamente, y lo único que pudo decir fue: *'Misericordia'*. Al pronunciar estas palabras, el ángel retiró su pie en cuestión de segundos. El hombre se levantó desesperado y salió corriendo por la misma puerta por la que había entrado, tal como Satanás huye de la cruz.

Desde entonces, él afirmó nunca más volver a pisar un lugar donde estuviera el pastor Carlos Pagán. Tiempo después, en el barrio, cada vez que me veía, trataba de evadirme. Si yo iba por una calle, él buscaba otra; si iba por una acera y me veía caminar por esa misma, se pasaba a la otra. Tal como dice la Escritura: *"Tú crees que Dios es uno; bien haces. También los demonios creen, y tiemblan"* (Santiago 2:19).

Frente a todas estas experiencias vividas, no queda duda de que Dios me ha llamado a ser parte de la manifestación de Su poder en la tierra, no por merecimiento, sino por gracia *"Porque por gracia* sois salvos por medio de la fe; y esto no de vosotros, pues es don de Dios." Efesios 2:8.

Hoy me pregunto: ¿Qué vio Dios en un hombre tan vil como yo para darle tal privilegio? Es maravilloso poder ver cómo las palabras de Isaías 61:1-7 se cumplen en mi vida y en nuestro ministerio.

El Espíritu de Jehová el Señor está sobre mí, porque me ungió Jehová; me ha enviado a predicar buenas nuevas a los abatidos, a vendar a los quebrantados de corazón, a publicar libertad a los cautivos, y a los presos apertura de la cárcel; a proclamar el año de la buena voluntad de Jehová, y el día de venganza del Dios nuestro; a consolar a todos los enlutados; a ordenar que a los afligidos de Sion se les dé gloria en lugar de ceniza, óleo de gozo en lugar de luto, manto de alegría en lugar del espíritu angustiado; y serán llamados árboles de justicia, plantío de Jehová, para gloria suya. Reedificarán las ruinas antiguas, y levantarán los asolamientos primeros, y restaurarán las ciudades arruinadas, los escombros de muchas generaciones.

Y extranjeros apacentarán vuestras ovejas, y los extraños serán vuestros labradores y vuestros viñadores. Y vosotros seréis llamados sacerdotes de Jehová, ministros de nuestro Dios seréis llamados; comeréis las riquezas de las naciones, y con su gloria seréis sublimes. En lugar de vuestra doble confusión y de vuestra deshonra, os alabarán en sus heredades; por lo cual en sus tierras poseerán doble honra, y tendrán perpetuo gozo.

Hoy, Dios me permite ir por el mundo predicando Su Palabra, pero no solo con palabrerías, sino con demostración de poder, como lo dice el apóstol Pablo: *"Y ni mi palabra ni mi predicación fue con palabras persuasivas de humana sabiduría, sino con demostración del Espíritu y de poder"* (1 Corintios 2:4).

Cada vez que testifico de esto, me siento bienaventurado de ser parte del propósito de Dios para esta generación que necesita saber que el Evangelio no consiste solo en palabras, sino en el poder de Dios. Tal como lo dice la palabra de Dios: *"Porque el reino de Dios no consiste en palabras, sino en poder"* (1 Corintios 4:20). Puedo decir como dijo el apóstol Pablo: *"Mas a Dios gracias, el cual nos lleva siempre en triunfo en Cristo Jesús, y por medio de nosotros manifiesta en todo lugar el olor de su conocimiento"* (2 Corintios 2:14).

Al reflexionar sobre todas estas experiencias, no puedo evitar sentir una profunda gratitud hacia Dios. Cada evento, cada desafío, y cada victoria ha sido una confirmación de Su llamado en mi vida. No puedo atribuirme ningún mérito, porque todo lo que ha sucedido ha sido por la gracia y el poder de Dios. A lo largo de estos años, he aprendido que

Dios no busca personas perfectas, sino corazones dispuestos a ser usados por Él, aunque vengan de lo más vil y despreciado por el mundo.

Hoy, mientras continúo este camino de fe, puedo ver cómo Dios ha transformado mi vida y me ha permitido ser testigo de Su poder y gloria. Desde aquel humilde comienzo en San Pedro de Macorís hasta los lugares a los que me ha llevado a predicar Su Palabra, siempre ha sido Su mano la que me ha sostenido.

Me siento honrado de ser parte del ejército de Dios en estos tiempos, llevando Su mensaje de salvación y poder a aquellos que más lo necesitan. Tal como está escrito: *"No me elegisteis vosotros a mí, sino que yo os elegí a vosotros, y os he puesto para que vayáis y llevéis fruto, y vuestro fruto permanezca"* (Juan 15:16).

Mi oración es que cada palabra, testimonio y acto de fe que se manifieste en mi vida y en el ministerio que Dios ha puesto en mis manos, sea para la gloria de Su nombre. Que muchos más puedan ser alcanzados, liberados, y transformados por el poder del Evangelio. Y que todos juntos, como un solo cuerpo, podamos proclamar con valentía que Jesucristo es Señor y que Su poder es invencible.

BENEFICIOS DEL BEISBOL

Soy un apasionado del deporte y, aun hoy, me esfuerzo por cuidar mi cuerpo, que es templo del Espíritu Santo. La Escritura nos recuerda: *"¿No sabéis que vuestro cuerpo es templo del Espíritu Santo, que está en vosotros, el cual tenéis de Dios, y que no sois vuestros?" (1 Corintios 6:19)*. Por esta razón, practico ejercicio regularmente, y me gusta especialmente salir a trotar o correr para mantener mi cuerpo en forma y cuidar mi salud. Reconozco los grandes beneficios que el deporte ha traído a mi vida, tanto a nivel físico y emocional como social.

Como mencioné anteriormente, nací en un hogar donde mi padre era un apasionado del béisbol. De él aprendí a amar esta disciplina deportiva, lo que me ha traído grandes beneficios. Aunque estos beneficios pudieron haber sido mayores si no hubiese tomado malas decisiones en el pasado, he aprendido que todo sucede con un propósito divino.

La Biblia nos enseña: *"Sabemos que Dios dispone todas*

las cosas para el bien de quienes lo aman" (*Romanos 8:28*). Si no hubiera tomado esas malas decisiones, es posible que mi proceso para acercarme a Dios, la fuente de todo bien, hubiera sido diferente y más prolongado. Estoy eternamente agradecido a Dios, a quien amo con todo mi corazón.

A veces, en la vida, es necesario tocar fondo, caer muy bajo para reconocer la realidad de nuestra naturaleza caída y aceptar nuestra necesidad de ayuda divina. La Biblia dice: *"En el día del bien goza del bien; y en el día de la adversidad considera. Dios hizo tanto lo uno como lo otro, a fin de que el hombre no sepa lo que ha de venir después de él"* (*Eclesiastés 7:14*).

Dios sabe cómo tratar con sus hijos, y cuando creemos que todo está perdido, que no hay esperanza, Él aparece, mostrándonos un camino mejor. *"Porque yo sé los planes que tengo para ustedes, planes de bienestar y no de calamidad, para darles un futuro y una esperanza"* (*Jeremías 29:11*).

Gracias al béisbol, tuve la oportunidad de representar a mi país en diferentes lugares. Llegué a la isla de Puerto Rico, donde mi vida tomó un rumbo distinto al que había llevado en mi tierra natal. Luego obtuve la soñada visa americana, lo que me permitió vivir en los Estados Unidos, donde enfrenté experiencias difíciles que, paradójicamente, me acercaron a Dios. En este país, Dios me llamó y me ha permitido servirle para Su gloria y honra.

A través del béisbol, he tenido la oportunidad de relacionarme y conocer a grandes estrellas, entre ellas Robinson Cano, un destacado segunda base dominicano. Hizo su debut en las Grandes Ligas en 2005, después de pasar cuatro años en las ligas menores.

Este deportista ha sido seleccionado seis veces para el All-Star, ha ganado el premio Bate de Plata, dos Guantes de Oro, y ha sido elegido Jugador del Mes de la Liga Americana en dos ocasiones. También ha ganado el Derby de Jonrones y fue miembro del equipo de los Yankees que ganó la Serie Mundial en 2009, así como de la selección dominicana que ganó el Clásico Mundial de Béisbol en 2013, donde fue nombrado MVP del torneo. Actualmente, es uno de los jugadores mejor pagados.

Lo más impresionante es que Robinson Cano fue un fiel admirador mío, debido a mi destreza en el béisbol: la forma en que paraba la pelota, mi bateo, mi rapidez en la cancha. Él es aproximadamente seis años menor que yo, y cuando era niño, yo me convertí en un modelo para él. Sorprendentemente, él ha llegado a ser alguien muy destacado. Pertenecemos al mismo barrio, allí nos conocimos, somos amigos, y mantenemos una muy buena relación de amistad.

También conocí a Luis Castillo, quien jugó conmigo y fue segunda base de los Marlins de Florida. Humildemente, debo afirmar que yo tenía mejores cualidades deportivas que él, pero gracias a su disciplina y perseverancia, lograron convertirse en estrellas, destacándose entre los mejores de la República Dominicana. Hoy, no me lamento de no estar a la par de ellos, porque fue de esta manera que pude tener un encuentro con mi amado Padre celestial.

El apóstol Pablo, antes de conocer a Cristo, también tuvo muchos éxitos. Sin embargo, lo mejor que le pudo haber ocurrido fue conocer al Cordero inmolado, por lo que expresó: *"Pero cuantas cosas eran para mí ganancia, las he estimado como pérdida por amor de Cristo"* (Filipenses 3:7).

Esa misma es mi actitud. No añoro nada de mi pasado como si me doliera haberlo vivido, porque lo que experimento cada día en Cristo, no lo cambio por nada del mundo.

El béisbol me ha marcado, pero las marcas de Cristo han sido superiores y más deleitosas, y las amo profundamente. *"De aquí en adelante, nadie me cause molestias; porque yo llevo en mi cuerpo las marcas del Señor Jesús" (Gálatas 6:17).*

Junto a la super estrella
Robinson Cano

MI PRIMERA EXPERIENCIA
EN EL PASTORADO

No elegí ser pastor porque me pareciera una buena opción de vida. Fue Dios quien me llamó, quien me aseguró que Él me sostendría, y quien, a través de aquel humilde pastor que me atendió con tanto amor en el minibús, me inspiró a aceptar el llamado del Divino Maestro.

Hoy en día, muchos desean ser pastores, pero sus aspiraciones difieren de las que Dios tiene para Su obra. Buscan su propia gloria, sus propios intereses, sin considerar que el ministerio es renuncia, es sufrimiento, es lucha, y, a veces, implica pérdidas. Sin embargo, es maravilloso estar dispuestos a padecerlo todo por amor a Aquel que nos llamó.

Aunque el ministerio también trae buenas recompensas, un hombre de Dios no busca eso como su objetivo principal. Jesús nos recordó: *"El que quiera ser el primero entre vosotros, será vuestro siervo"* (Mateo 20:27).

En una iglesia que apenas comienza, la mayor

victoria y gozo que uno puede experimentar es ver llegar a las almas a Cristo, reconociendo sus pecados, y que, en poco tiempo, estén descendiendo a las aguas bautismales para reafirmar sus convicciones después de haberse comprometido más con Dios.

Tuve la bendición de vivir esta experiencia pocos meses después de iniciar la primera iglesia pentecostes "*Libres por Jesucristo*" en la República Dominicana. En esa ocasión, aproximadamente 14 jóvenes fueron bautizados, y al cabo de unos pocos meses, una cantidad similar decidió también bautizarse.

Yo estaba asombrado. Poder bautizar en tan poco tiempo a aproximadamente 30 jóvenes fue un respaldo de Dios que no todos los pastores que comienzan logran experimentar. ¡Toda la gloria sea para Dios! Iniciar una obra no es fácil, y muchos pastores han luchado durante años para poder bautizar a sus primeros discípulos. A algunos les ha tomado más tiempo, pero Dios ha sido bueno.

Sabemos que contar con personas bautizadas en una congregación es tener a más personas comprometidas con la causa del Evangelio. Como Jesús enseñó: "*El que es fiel en lo muy poco, también en* lo más es fiel" (Lucas 16:10).

El número de feligreses continuó creciendo, y la membresía juvenil aumentó rápidamente. En poco tiempo, ya contábamos con aproximadamente 70 jóvenes. Estas eran experiencias maravillosas; veíamos los cielos abrirse, personas que, mientras eran bautizadas, recibían revelaciones, veían luces que nos cubrían, y otros eran bautizados en el Espíritu Santo.

Uno de estos casos que me sorprendió fue el del joven Santiago, quien recibió el bautismo y habló en otras lenguas durante una semana, llegando a interpretarlas en algunas ocasiones. Sus padres, preocupados, vinieron a mí para preguntar qué le sucedía a su hijo, que parecía haber cambiado de idioma.

Yo, siendo nuevo en el pastorado, solo pude decirles que tuvieran paciencia, que pronto regresaría a la normalidad, pero que había sido lleno del Espíritu Santo y fuego. *"Y todos fueron llenos del Espíritu Santo, y comenzaron a hablar en otras lenguas, según el Espíritu les daba que hablasen"* (Hechos 2:4).

La historia que conté anteriormente, respecto al milagro de los juguetes el 6 de enero, cuando pude ver la gloria de Dios, también ocurrió en los inicios de mi ministerio pastoral. Si Dios me respaldó en los comienzos de mi ministerio, ¿cómo no estar agradecido ahora, después de tantos años? Él sabe honrar a quienes son fieles en lo poco y en lo mucho, y paga conforme a su trabajo. *"En lo poco fuiste fiel, sobre mucho te pondré; entra en el gozo de tu señor"* (Mateo 25:23).

Dios sigue obrando en nuestro ministerio por pura gracia. A lo largo del tiempo, Él me ha permitido relacionarme con muchos ministros de gran impacto en el mundo espiritual, como mi amigo el pastor Juan Carlos Harrigan y el profeta José Ovalle *"La Leyenda"*, un hombre poderoso en Dios, quien ha sido inspiración para grandes evangelistas de este tiempo. Ellos y muchos más ministros, aunque sirven al señor en sus respectivos ministerios y ciudades, incluso de otros países, la hermandad permanece a pesar de los años.

Dios ha permitido que muchos ministerios nazcan de nuestras oraciones y que otros sean formados a nuestro lado. Muchos conocerán a Mikael Carpiadosa, un hombre de poder que Dios levantó en este ministerio para la gloria de Su nombre, El pastor Israel Jiménez, también pasó por nuestro ministerio, fuimos de gran apoyo para su ministerio, apoyándole y abriendo puertas para que él pudiera llegar a muchos lugares siendo usado por Dios.

Podría mencionar a muchos otros hombres que se han forjado en el ministerio *"Impacto de Poder"*, pero lo más importante es el respaldo del Divino Maestro, quien prometió y ha cumplido cabalmente Sus promesas y propósitos en mi vida.

Las fotos anteriores en la primera Iglesia Pentecostal Libres por Jesucristo en la Republica Dominicana junto a hermanos de la congregación, entre los que destaca.

Con el Pastor José Ovalle, mentor e inspiración para muchos ministerios hoy. Dios me ha permitido tenerlo predicando en la congregación en Maryland y ministrar con él.

El pastor Israel Jimenez también pasó por nuestro ministerio.

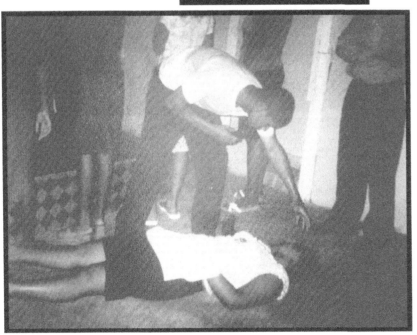

Una noche de evangelización por medio de una pelicula en la primera iglesia que Dios me permitió iniciar.

CONEXIONES DE REINO

A lo largo de mi vida, he visto la mano de Dios orquestando propósitos divinos, colocando en mi camino, mi familia y mi ministerio, personas que han sido de inmensa bendición, en quienes he podido presenciar la manifestación gloriosa de Dios.

Dios no solo me ha permitido conocer a personas famosas en el deporte, sino también a ministerios y personas en el ámbito político, en la salud, y en otras áreas donde Su poder se ha manifestado para enseñarme lo que Él puede hacer en alguien dispuesto a escuchar Su voz y seguirle, sin importar quién haya sido ni de dónde venga.

Mi primer recuerdo de esa conexión divina se remonta a aquel pastor que, en un minibús y con una mirada compasiva, no me ignoró. Atendió mi necesidad de liberación y salvación, y luego me puso en contacto con aquellos que Dios usaría para formar mi carácter en un centro de rehabilitación, donde, para la gloria de Dios, salí victorioso.

Dios también ha colocado en mi vida a una mujer maravillosa, que ha sido de gran ayuda en el ministerio. En ella se cumple lo que dice la Biblia sobre la mujer virtuosa y la ayuda idónea que complementa mi vida en todo sentido. Con ella, he aprendido que *"mejores son dos que uno"* y que *"cordón de tres dobleces no se rompe pronto"* (Eclesiastés 4:9-12). Este cordón de tres dobleces lo formamos Dios, mi esposa y yo. ¡Aleluya!

Personas de gran importancia en mi vida y ministerio son los pastores del Concilio de Iglesias Pentecostes *"Libres por Jesucristo"*, especialmente nuestro querido amigo y pastor, Erick y su esposa Adilis Vega, quien es el supervisor de nuestro concilio, y Henry Lucas, pastor en la organización, junto con su esposa, Johana de Lucas, a quienes bendigo enormemente.

Dios me permitió estar en Guatemala, donde conocí a la maravillosa familia Medina. Dios los ha usado grandemente para bendecirme en todos los sentidos, convirtiéndose en coordinadores de nuestro ministerio en dicho país y en servidores apasionados por Dios. En México, Dios también me permitió ir a lugares como Monclova, Coahuila, donde conocí a Frank, un oficial del ejército. Como mencioné anteriormente, Dios me dio la oportunidad de conocer al vicecónsul Gregorio Malena, de la República Dominicana en Nueva York, después de haber orado por la sanidad de su suegra, quien padecía de cáncer. Esto permitió forjar una bonita relación con una de las tantas personas de alto rango en el gobierno de mi país.

Ya siendo pastor en Nueva York, Dios me permitió recibir al entonces presidente de la República Dominicana, Leonel Fernández Reina. Se me concedió la oportunidad de darle la bienvenida a Nueva York, saludarlo, intercambiar palabras y compartir con él. Hoy entiendo cuando la Palabra dice que Dios nos ha puesto en lugares celestiales (Efesios 2:6). No somos poca cosa; *somos embajadores del Reino de los Cielos (2 Corintios 5:20).*

Después de tantos años, Dios sigue forjando conexiones en nuestro ministerio con personas admiradas por muchos, personas a quienes, en mi condición pasada, jamás hubiera imaginado conocer, mucho menos estrechar su mano y decir: *"Dios me permitió establecer buenas relaciones con ellos".*

¿Quién hubiera creído que aquel joven que dormía bajo un puente, drogado y cautivo por los vicios, que fue disciplinado varias veces al entrar al centro de rehabilitación y que comía de la basura antes de ser rescatado por Dios, pudiera estar hoy frente a multitudes, al lado de figuras públicas, oficiando ceremonias, glorificando a Dios e inspirando a muchas generaciones? Pero *"lo que es imposible para los hombres, es posible para Dios"* (*Lucas 18:27*).

"De lo vil a lo extraordinario" no es un libro escrito para darme a conocer, sino para glorificar a Dios, para hablar de quien realmente es el más importante, porque lo que tengo es por pura gracia. Mi mayor deseo es seguir alcanzando a multitudes, por los medios a mi alcance, para que sepan que no importa cómo se encuentren ni cuán bajo hayan caído, Dios es fiel y puede convertir a personas ordinarias en ministros extraordinarios, tal como lo hizo con Pedro, con muchos de Sus siervos, y conmigo.

Con el expresidente de la republica Dominicana: Leonel Fernandez Reina

Con el exvicecónsul de la República Dominicana en Nueva York, Gregorio Malena, una pastora amiga y mi esposa

Con el exoficial de la policía de Washington, D.C., EE. UU., y amigo, Israel James.

Con los Esposos Medina, mis coordinadores en Guatemala

Alberto Joseph Predicando y yo en un evento

Mi primera experiencia bautizando, en la primera iglesia pentecostes Libres por Jesucristo, al extremo izquierdo, el ministro Alberto Joseph, ayudandome en la ceremonia bautismal, quien tambien camino en nuestro ministerio, siendo uno de nuestros hijos espirituales.

HASTA LO ÚLTIMO DE LA TIERRA

"Pero recibiréis poder, cuando haya venido sobre vosotros el Espíritu Santo, y me seréis testigos en Jerusalén, en toda Judea, en Samaria, y hasta lo último de la tierra." Hechos 1:8.

Cuando somos llamados por Dios, entramos en un matrimonio con Él. No es como en una empresa, donde si uno quiere renunciar lo hace. Cuando realmente somos abrazados por Su gracia, es imposible dejar de hacer aquello a lo que fuimos llamados.

El profeta Jeremías lo experimentó en carne propia; él quiso renunciar, pero no pudo: *"Entonces dije: No me acordaré más de Él, ni hablaré más en Su nombre; pero fue en mi corazón como un fuego ardiente metido en mis huesos, traté de sufrirlo y no pude"* (Jeremías 20:9).

En mi caso, a pesar de las dificultades y luchas que mi familia y yo hemos enfrentado en el ministerio, estamos convencidos de varias cosas. Lo primero es que Dios es demasiado bueno para con nosotros: *"Bueno es Jehová para con los que en Él esperan, para el alma que le busca"* (Lamentaciones 3:25).

Segundo, que Dios a quien llama, respalda, y teniendo Su respaldo, tenemos la victoria garantizada: *"¿Quién es el que vence al mundo, sino el que cree que Jesús es el Hijo de Dios?"* (1 Juan 5:5). Moisés lo sabía, por eso le pidió a Dios que lo acompañara, de lo contrario, no iría a ningún lugar: *"Y Moisés respondió: Si tu presencia no ha de ir conmigo, no nos saques de aquí"* (Éxodo 33:15).

Tercero, que Dios no es hombre para mentir, y lo que promete, lo cumple: *"Dios no es hombre, para que mienta, ni hijo de hombre para que se arrepienta. Él dijo, ¿y no hará? Habló, ¿y no lo ejecutará?"* (Números 23:19). Sus promesas, hechas en aquella visión donde me veía en el río Soco, han sido muestra de que Dios no miente.

Cuarto, el sello de un ministerio respaldado por Dios no solo está en las señales que han de seguir: *"Y estas señales seguirán a los que creen: en mi nombre echarán fuera demonios; hablarán nuevas lenguas"* (Marcos 16:17), pues Su Palabra también dice:

"Muchos me dirán en aquel día: Señor, Señor, ¿no

profetizamos en tu nombre, y en tu nombre echamos fuera demonios, y en tu nombre hicimos muchos milagros? Y entonces les declararé: Nunca os conocí; apartaos de mí, hacedores de maldad" (Mateo 7:22-23). El verdadero respaldo se manifiesta, además de en las señales, en la integridad y el buen testimonio de quien le sirve.

Por la gracia divina, he tratado de vivir una vida que agrada a Dios, a pesar de mis debilidades, cuidando el depósito de la fe: *"Guarda el buen depósito por el Espíritu Santo que mora en nosotros"* (2 Timoteo 1:14) y reconociendo que Su poder se perfecciona en mi debilidad: *"Y me ha dicho: Bástate mi gracia; porque mi poder se perfecciona en la debilidad"* (2 Corintios 12:9). Además, somos vasijas de barro que portan un gran tesoro: *"Pero tenemos este tesoro en vasos de barro, para que la excelencia del poder sea de Dios, y no de nosotros"* (2 Corintios 4:7).

Quinto, que al final de todo, el Maestro me recibirá con los brazos abiertos, y espero escuchar aquella preciosa voz decirme: *"Entra en el gozo de tu Señor; en lo poco fuiste fiel, sobre mucho te pondré"* (Mateo 25:21).

Y, por último, entre muchas otras cosas, ver las multitudes de almas venir a Cristo, ser tocadas por este ministerio, y poder conocer a tanta gente que pertenece a la familia de la fe. Ver a mi familia incluida, participando activamente en este ministerio, a mi esposa ser mi escudera, una mujer de oración y de grandes batallas, cuidando mis espaldas, es sin duda la muestra de que Dios ha sido demasiado bueno para conmigo.

Ayer fui un vil personaje, sin rumbo, sin esperanza, desechado por la sociedad y la familia, perdido en el mundo sin esperanza, pero el Cordero me encontró, me escuchó, me salvó, teniéndome por digno y poniéndome en el ministerio: *"Doy gracias al que me fortaleció, a Cristo Jesús nuestro Señor, porque me tuvo por fiel, poniéndome en el ministerio"* (1 Timoteo 1:12).

Soy la muestra de lo que Dios puede hacer en aquel que, sin importar cómo se encuentre, reconoce su necesidad de salvación. Ayer fui un vil ser humano, perdido en los vicios y el pecado, hoy soy alguien escogido para alabanza de la gloria de Su nombre: *"Mas vosotros sois linaje escogido, real sacerdocio, nación santa, pueblo adquirido por Dios, para que anunciéis las virtudes de Aquel que os llamó de las tinieblas a Su luz admirable"* (1 Pedro 2:9).

Estoy agradecido. No puedo dejar de amarlo, de servirle y de anhelar más de Su presencia. Mi llamado no fue de ayer; hace más de 23 años que sirvo a mi Señor, y no me avergüenzo de hacerlo. Jamás he pensado en abandonar mi llamado, a pesar de las grandes luchas que he enfrentado, porque Él me ha fortalecido: *"Todo lo puedo en Cristo que me fortalece"* (Filipenses 4:13). Hay mucho camino por recorrer y sé que Él me llevará más alto y lejos: *"Porque tú eres mi lámpara, oh Jehová; Jehová alumbrará mis tinieblas. Contigo desbarataré ejércitos, y con mi Dios asaltaré muros"* (2 Samuel 22:29-30).

He experimentado lo que dice el siguiente versículo: *"Jehová, el Señor, es mi fortaleza; Él hará mis pies como de ciervas, y en mis alturas me hará andar"* (Habacuc 3:19). En medio del cansancio, Él me sumerge en las aguas de Su Espíritu, y como el Buen Pastor del Salmo 23, me pastorea, haciéndome descansar en verdes pastos: *"El Señor es mi pastor; nada me faltará. En lugares de delicados pastos me hará descansar; junto a aguas de reposo me pastoreará"* (Salmo 23:1-2).

Dios me ha permitido estar en diferentes países predicando Su Palabra. He tratado de mantener un perfil bajo, puesto que no tengo de qué gloriarme: *"Pero lejos esté de mí gloriarme, sino en la cruz de nuestro Señor Jesucristo"* (Gálatas 6:14), como dice la Palabra, *"Porque ¿quién te distingue? ¿O qué tienes que no hayas recibido? Y si lo recibiste, ¿por qué te glorías como si no* lo hubieras recibido?" (*1 Corintios 4:7*). Sin embargo, sé que Dios me ha estado llevando a posiciones de autoridad y a niveles de crecimiento ministerial.

Este, mi primer libro es la muestra de lo que Dios hace y seguirá haciendo a través del ministerio "*Impacto de Poder*", no solo en Estados Unidos, sino en todas las naciones donde Él me permita seguir llevando el mensaje esperanzador de Jesucristo.

Sigo diciendo como aquel día: "*Heme aquí, Señor, envíame a mí*" (*Isaías 6:8*), pues la Palabra de Dios dice: "*¿A quién enviaré, y quién irá por nosotros?*" (*Isaías 6:8*), y "*¿Cómo, pues, invocarán a Aquel en quien no han creído? ¿Y cómo creerán en Aquel de quien no han oído? ¿Y cómo oirán sin haber quien les predique?*" (*Romanos 10:14*).

Aquí estoy, Señor. En Tus manos deposito este trabajo escrito, que sea de bendición a todo aquel que lo lea, y que nuestro ministerio sea un canal de bendición para esta sociedad que necesita experimentar el poder de Dios en su vida.

"Y este evangelio del reino será predicado en todo el mundo, para testimonio a todas las naciones; y entonces vendrá el fin" (*Mateo 24:14*).

112

Made in the USA
Middletown, DE
06 September 2024

59922954R00066